COMMENTAIRE

DE LA LOI DU 25 JUILLET 1891

INTERDISANT

LES SAISIES-ARRÊTS OU OPPOSITIONS

SUR LES FONDS DESTINÉS AUX

ENTREPRENEURS DE TRAVAUX PUBLICS

PAR

M. ANDRÉ FALLEX

Avocat

Chez l'Auteur :

14, rue de Tocqueville.

PARIS

IMPRIMERIE ET LIBRAIRIE CENTRALES DES CHEMINS DE FER

IMPRIMERIE CHAIX

SOCIÉTÉ ANONYME AU CAPITAL DE CINQ MILLIONS

Rue Bergère, 20

1893

Se trouve chez l'Auteur :

14, RUE DE TOCQUEVILLE

PARIS

COMMENTAIRE

DE LA LOI DU 25 JUILLET 1891

INTERDISANT

LES SAISIES-ARRÊTS OU OPPOSITIONS

SUR LES FONDS DESTINÉS AUX

ENTREPRENEURS DE TRAVAUX PUBLICS

PAR

M. ANDRÉ FALLEX

Avocat

PARIS

IMPRIMERIE ET LIBRAIRIE CENTRALES DES CHEMINS DE FER

IMPRIMERIE CHAIX

SOCIÉTÉ ANONYME AU CAPITAL DE CINQ MILLIONS

Rue Bergère, 20

1893

COMMENTAIRE

DE LA LOI DU 25 JUILLET 1891

INTERDISANT

LES SAISIES-ARRÊTS OU OPPOSITIONS

SUR LES FONDS DESTINÉS AUX

ENTREPRENEURS DE TRAVAUX PUBLICS

Le Receveur ou mieux le Payeur, en principe, ne peut se refuser à acquitter les mandats, ni en retarder le paiement aux mains de l'adjudicataire ou entrepreneur de travaux publics *(Article 154, titre VII, règlement de comptabilité, recettes et dépenses de la Ville de Paris, p. 56.)*, porteur du mandat délivré à son nom comme créancier réel. *(Nomenclature des pièces à produire par le Receveur municipal : dispositions générales concernant l'ordonnancement et le paiement, etc., article 9, p. 378.)*

Tout refus ou tout retard doit être motivé dans une déclaration immédiatement délivrée par le comptable au porteur du mandat. *(Même article 154, titre VII.)*

Or, en dehors des questions de crédit, d'exercice, de provision ou autres fixées par les règlements, le Payeur peut être amené à refuser ou à retarder le paiement d'un mandat régulier pour des causes émanant :

Ou de la Ville, (de la Commune, Département ou de l'État), elle-même pour ses travaux;

Ou des tiers.

En effet, les entrepreneurs, à raison des travaux qu'ils exécutent ou ont exécutés, peuvent encourir deux sortes de responsabilités:

I. — Vis-à-vis de la Ville, de la Commune ou du Département, etc., pour malfaçon, inexécution des clauses du marché, etc. De là, dépôt du cautionnement exigé par l'article 149, titre VII du règlement précité.

II. — Vis-à-vis des tiers :

(a) Pour les avoir employés comme ouvriers;

(b) Pour avoir usé de leurs fournitures à raison de ces travaux;

(c) Pour s'être fait faire des avances à raison encore de ces travaux;

Trois catégories essentielles en ce qu'elles répondent aux catégories de la loi qui va faire l'objet de cette note.

I. — Le cautionnement n'étant qu'une garantie spécialement donnée pour la bonne exécution des travaux, etc., se trouve grevé au profit de la Ville, ou de la Commune, ou du Département, ou de l'État d'un privilège et ne peut être remboursé qu'après la réception définitive des travaux et l'expiration des délais de garantie.

Mais il ne sera même remboursé à ce moment que

s'il n'est frappé ni d'un privilège de second ordre au profit d'un bailleur de fonds, ni d'oppositions de la part des créanciers de l'entrepreneur, (ouvriers, fournisseurs ou créanciers particuliers.)

Sur ce point donc, en l'état, aucune difficulté; le Receveur, ou mieux le Payeur en présence de la déclaration de privilège de second ordre ou d'une saisie-arrêt, doit, sans se faire juge de leur validité, refuser tout paiement. Il doit refuser en tout état de cause, et en dehors même des prescriptions de la loi qui va suivre, prescriptions qu'il y aura lieu d'étudier sur ce point spécial, afin de savoir si elles lui sont applicables.

II. — Vis-à-vis des tiers, jadis il fallait envisager deux hypothèses : ou l'entrepreneur était créancier de l'État; ou il l'était de la Commune ou du Département.

A. Si l'État était débiteur, la question de paiement était résolue par le décret des 26 pluviôse-18 ventôse an II.

B. Si la Commune, le Département, disons aussi la Ville de Paris, étaient débiteurs, aucun texte spécial ne régissait la matière.

A. Le décret du 26 pluviôse-18 ventôse an II « in- » terdisant provisoirement la faculté de faire des sai- » sies-arrêts ou oppositions sur les fonds destinés aux » entrepreneurs de travaux nationaux », était ainsi conçu :

ARTICLE PREMIER. — Les créanciers particuliers des entrepreneurs et adjudicataires des ouvrages faits ou à faire *pour le*

compte de la Nation ne peuvent jusqu'à l'organisation définitive des travaux publics, faire aucune saisie-arrêt, ni opposition sur les fonds déposés dans les caisses des receveurs des
districts pour être délivrés auxdits entrepreneurs ou adjudicataires.

Art. 2. — Les saisies-arrêts et oppositions qui auraient été
faites jusqu'à ce jour par les créanciers particuliers desdits entrepreneurs ou adjudicataires sont déclarées nulles et non
avenues.

Art. 3. — Ne sont point comprises dans les dispositions des
articles précédents, les créances provenant du salaire des ouvriers employés par lesdits entrepreneurs, et les sommes dues
pour fournitures de matériaux et autres objets servant à la
construction des ouvrages.

Art. 4. — Néanmoins, les sommes qui resteront dues aux
entrepreneurs ou adjudicataires, après la réception des ouvrages, pourront être saisies par leurs créanciers particuliers,
lorsque les dettes mentionnées en l'article 3 auront été acquittées.

La conduite du Payeur *pour les travaux nationaux*
était nettement tracée par ce décret qui, malgré son
titre de provisoire, n'a jamais été abrogé, et a toujours
été, comme il l'est encore, en vigueur.

Ce décret, a-t-il été dit plus haut, ne semblait pas
alors applicable aux départements ni aux communes.
La jurisprudence, en effet, n'était pas fixée sur ce
point. Aussi les Payeurs, dans l'intérêt de leur responsabilité, recevaient et devaient recevoir toutes les oppositions pratiquées entre leurs mains, même par des
créanciers particuliers des entrepreneurs.

B. Cette indécision aujourd'hui n'a plus de raison d'être ; la jurisprudence hésitante a été fixée par la loi du 25 juillet 1891, loi « étendant, suivant son » titre, à certains travaux, l'application du décret du » 26 pluviôse an II », et ainsi conçue :

ARTICLE UNIQUE. — Les dispositions du décret du 26 pluviôse-10 ventôse an II, sont étendues *à tous les travaux ayant le caractère de travaux publics*.

En conséquence, les sommes dues aux entrepreneurs de ces travaux ne pourront être frappées de saisie-arrêt ni d'opposition, au préjudice soit des ouvriers auxquels des salaires sont dus, soit des fournisseurs qui sont créanciers à raison des fournitures de matériaux et d'autres objets servant à la construction des ouvrages.

Les sommes dues aux ouvriers pour salaires seront payées de préférence à celles dues aux fournisseurs.

En effet, jusque-là, les privilèges étant de droit étroit, la jurisprudence en avait toujours conclu que les dispositions de l'article 2 du décret du 26 pluviôse an II ne pouvaient être étendues par analogie. *(Loi du 25 juillet 1891. Exposé des motifs.)*

Bien qu'il fût logique de soumettre à des règles semblables des travaux qui, comme ceux dont il est parlé dans ce décret, ont le caractère de travaux publics, elle avait refusé d'étendre ces règles à d'autres travaux que ceux faits pour le compte de l'État.

Pour faire cesser cette anomalie, la proposition votée par la Chambre a élargi le cercle tracé par le décret de l'an II et, sur l'observation de la Commission, a adopté une formule générale qu'elle a pensée préférable à une formule limitative et qui est devenue le § 1ᵉʳ de la nouvelle loi.

Les dispositions du décret du 26 pluviôse sont étendues à *tous les travaux ayant un caractère de travaux publics.*

Quels sont ces travaux?

Aujourd'hui, l'on peut dire que les travaux publics sont ceux qui ont été déclarés tels par une loi ou reconnus tels par la jurisprudence : sont donc bien compris dans cette catégorie les travaux faits pour le compte de la Ville de Paris, de la Commune ou du Département.

Le § 2 de la loi suscitée du 25 juillet 1891 ajoute aux sept paragraphes dont se compose l'article 2102 du Code civil (privilèges sur certains meubles) un huitième paragraphe qui déclare *privilégiées* sur les sommes dues aux entrepreneurs, en raison de l'entreprise, les créances provenant des *salaires des ouvriers* employés à l'exécution des travaux énumérés dans le § 1ᵉʳ, ainsi que celles résultant *des fournitures* des matériaux ou autres objets ayant servi à la confection des ouvrages.

La loi de 1891, pas plus que le décret de l'an II, ne prononce le mot de *privilège* mais l'action directe qu'elle donne constitue un véritable privilège. *(Colmar, 31 décembre 1841 ; Cass. 21 juillet 1841. ; D. P. 47, 4. 396 — D. P. 67. 1. 444).* En effet, dit ce dernier arrêt, les ouvriers prenant en vertu de l'action directe ce que le propriétaire doit à l'entrepreneur comme leur dû n'ont pas à partager avec les créanciers de ce même entrepreneur ; ce qui, en cas de faillite, leur fait une situation meilleure que celle de la masse. Leur situation est donc privilégiée et l'avantage qui en résulte constitue bien un véritable privilège.

Il est ici à remarquer qu'il y a une distinction à établir entre l'ouvrier et le fournisseur, et que le privilège de l'ouvrier passe avant celui du fournisseur. Car la situation des premiers étant en général, dit l'exposé des motifs, plus précaire que celle des seconds, un député a demandé que l'ouvrier passât avant le fournisseur.

Cette disposition, qui ne figurait pas dans le décret de pluviôse an II, et contraire à la jurisprudence qui jusqu'alors avait décidé qu'à défaut de motifs de préférence entre les ayants droit, ils doivent exercer leur privilège par concurrence entre eux et au prorata de leurs créances *(Caen, 14 janvier 1856 ; D. P. 56, 2, 135.)*, a été acceptée et est devenue le § 3 et dernier de la loi du 25 juillet 1891.

Ce privilège, c'est seulement aux ouvriers et fournisseurs *de l'entreprise* qu'il appartient. Dans l'esprit de la loi, il est bien entendu qu'il ne s'agit que de ceux qui ont concouru aux travaux qui font l'objet du marché ou plus étroitement même du lot d'un même marché, comme aussi les fournisseurs qui ont fourni des matériaux et objets servant à la confection de ces mêmes travaux ou de ce même lot. *(Lettre du Ministre des Travaux publics du 16 mars 1845.)*

D'autre part, ce privilège subsiste même contre

l'entrepreneur *failli. (Cass., 21 juillet 1847. D. P. 47,
4.396.)* — *(Arrêt de la Cour de Paris, 13 juillet 1893.)*
Cependant ces créanciers privilégiés ne peuvent plus
postérieurement à la faillite former saisie-arrêt entre
les mains du Payeur ; c'est auprès des syndics qu'ils
devront faire valoir le privilège de leurs créances.
(Poitiers, 16 mars 1838.)

Voilà donc les sommes dues aux adjudicataires et
entrepreneurs de travaux publics placées sous un
régime exceptionnel, **devenant le gage, pour ainsi
dire, de l'entreprise elle-même,** et ne pouvant être
à aucun prix saisies-arrêtées par les créanciers person-
nels de l'entrepreneur.

Ainsi les principales dispositions du décret de pluviôse an II sont maintenues et généralisées par cette
loi du 25 juillet 1891.

Quelles sont les conséquences au point de vue pra-
tique ?

La jurisprudence, en interprétant le décret de pluviôse an II, aura donc interprété la loi du 25 juillet 1891, et c'est de cette jurisprudence que découleront
les principes qui suivent, la loi de 1891 étant encore
trop neuve pour avoir pu donner lieu à des espèces
aussi multiples que l'ancien décret spécial de l'an II.

I. — Il y a lieu de remarquer tout d'abord que la
loi de 1891 n'a pas reproduit une disposition du décret
de pluviôse an II. Elle n'a pas repris l'article 2 ainsi
conçu :

« Les saisies-arrêts et oppositions qui auraient été faites jusqu'à ce jour par les créanciers particuliers desdits entrepreneurs ou adjudicataires sont déclarées nulles et comme non avenues. »

Cette disposition exorbitante ne figure pas dans la nouvelle loi. En conséquence elle n'a entendu statuer que pour l'avenir. Elle décide que les sommes dues aux entrepreneurs ne pourront être saisies-arrêtées sans faire aucune allusion aux oppositions déjà pratiquées. Il s'ensuit que tous créanciers (ouvriers, fournisseurs ou créanciers particuliers) opposant avant la date du 25 juillet 1891 rentrent dans le droit commun (*Arrêt de la Cour de Paris, 13 juillet 1893, Gazette des Tribunaux, 1er déc. 1893*), c'est-à-dire viennent au marc le franc, ou peuvent invoquer tous autres privilèges comme ceux du gage ou du nantissement par exemple ; mais qu'à partir de cette date il ne saurait en être de même ; que c'est à partir de cette date seulement que commence la règle d'exception.

« Considérant, dit l'arrêt, que sur onze transports, dix sont *antérieurs à la loi du 25 juillet 1891* ; qu'ils ont été signifiés directement à la Ville avant la faillite de G... déclarée le 16 décembre 1891 ; qu'en conséquence M... et C... sont en droit de toucher de la Ville le montant des travaux encore dus à G... à concurrence des sommes portées auxdits transports nonobstant toutes oppositions. — Considérant que le dernier transport consenti à veuve C... porte la date du 30 juillet 1891 *postérieur à la loi* qui frappait d'indisponibilité et plaçait hors du commerce au profit des fournisseurs de matériaux la somme portée audit transport ; — que cette somme constituait le gage privilégié desdits fournisseurs et ne pouvait être cédée à...... etc. »

Il suit de là encore que peu importe que les travaux qui font l'objet d'une opposition ou d'un transport aient été adjugés antérieurement à la loi du 25 juillet 1891, le droit des tiers ne prenant naissance en effet que du jour de l'opposition ou du transport ou mieux de leur signification.

II. — Une fois le privilège établi comme il a été dit ci-dessus, sur quelles sommes frappe-t-il?

La Convention nationale fit deux parts des sommes payées aux entrepreneurs :

A. La première comprend les acomptes payés successivement pendant le cours des travaux ;

B. La seconde, les sommes dues à la fin des travaux et qui ne sont payées qu'après la réception des ouvrages et le délai de garantie stipulé dans les marchés.

Cette distinction sera donc la même pour la loi du 25 juillet 1891. En vertu de la nouvelle loi les ouvriers et fournisseurs pourront seuls former saisie-arrêt pendant la confection des travaux sur les acomptes, et en second lieu après la réception des travaux ils auront droit à être payés de leurs créances avant tous les autres créanciers de l'entrepreneur.

En effet, *les acomptes* sont exclusivement applicables aux dépenses nécessitées par l'exécution des travaux et *ne peuvent par conséquent servir de gage aux créanciers particuliers* de l'entrepreneur. Les ouvriers et fournisseurs de matériaux peuvent seuls sur ces acomptes former des saisies-arrêts ou oppositions. *(Circulaire du*

Payeur général, 1ᵉʳ juillet 1806 ; — même avis du Conseil d'État.)

Les sommes qui forment la retenue de garantie et qui restent dues après la réception des travaux sont au contraire considérées comme le bénéfice de l'entrepreneur et sont saisissables non seulement par les ouvriers et fournisseurs, mais encore par les créanciers particuliers. *(Instruction aux trésoriers-payeurs généraux, 11 décembre 1879.)*

Quant au cautionnement dont il a été question au début, est-il soumis au même privilège que les fonds de l'entreprise ?

Non. Car les expressions de la loi ne le mentionnent pas nominativement, et ne sont pas telles non plus qu'on doive nécessairement l'y déclarer compris par voie d'interprétation. *(Requête, 31 juillet 1849. D. P. 49. 1. 147.)* Ce qui a été jugé pour le décret de pluviôse an II doit être encore, dans ce cas, applicable à la loi de 1891 qui n'y a rien ajouté ni retranché sur ce point.

A. De tout ce qui précède, il résulte une exception nécessaire au principe général : que le payeur ne doit pas se faire juge des oppositions mises entre ses mains. *(Même instruction.)* Lorsqu'une opposition lui est signifiée sur un entrepreneur de travaux publics, *le payeur doit donc maintenant examiner si le titre en vertu duquel elle est formée emporte privilège,* c'est-à-dire si elle est faite pour salaire d'ouvriers ou pour prix de matériaux fournis. Alors l'opposition est recevable purement et simplement ; le Payeur peut la viser.

Si, au contraire, l'opposition est faite pour toutes autres causes que salaires d'ouvriers ou fournitures de matériaux, c'est-à-dire pour créances ordinaires et particulières, le Payeur *ne doit pas la recevoir*, ou il peut la recevoir encore ; mais ne la viser que dans les termes suivants : « Vu pour valoir seulement sur la somme qui pourra rester due après la réception des travaux », visa qui équivaut à un refus et couvre la responsabilité du payeur.

S'il s'agit d'un transport, quelle valeur aura-t-il auprès du payeur ?

(a) Ou c'est un *transport en garantie*,

(b) Ou c'est un *transport ferme*.

a. — Le transport en garantie n'est qu'un transport qui renferme l'intention de concéder un nantissement, ne donnant au créancier gagiste que le droit de toucher les intérêts exigibles de sa créance, et de faire réaliser son gage pour se remplir jusqu'à due concurrence sans le rendre *propriétaire de la créance* et sans lui conférer qualité pour en toucher le montant. Dans ce cas, le payeur doit refuser la signification d'un tel acte ; car des termes de la loi, il résulte que les sommes que l'État, le Département, la Commune, ou la Ville de Paris destinent à titre d'avance ou d'acompte n'appartiennent point à l'entrepreneur, mais à l'entreprise qui appartient à l'État, au Département, à la Commune ou à la Ville de Paris *(Avis Conseil d'État, Comité de l'Intérieur, 12 février 1849.) (Ravenet, C. des Ponts et Chaussées, t. I, p. 317.)*, et que ces mêmes sommes sont de par la loi devenues le gage exclusif des ouvriers et des fournisseurs qui ont un privilège sur elles tant qu'ils n'ont pas été payés et sans même qu'ils aient à former opposition sur ces sommes ; et que, de par la loi aussi, toutes saisies ou oppositions de la part de créanciers particuliers sont nulles.

b. — Le transport ferme (ou une délégation, ou encore une cession), est au contraire un acte conférant au cessionnaire le droit de toucher et recevoir directement sur sa simple quittance et hors la présence du débiteur cédé ; ce transport sur un ou plusieurs acomptes ne confère à ce tiers aucun privilège, même quand ce transport aurait pour objet le remboursement de fonds avancés pour payer les ouvriers ou fournisseurs *(Décision du Ministre des Finances, 6 mai 1836, sur avis du comité des finances.) (Même instruction aux trésoriers-payeurs généraux.)*, à moins qu'il ne soit porteur de l'état des journées ou de comptes des fournisseurs payés directement par lui de ses propres deniers. *(Arrêt Conseil d'État, 22 mars 1843. — Colmar, 31 décembre 1841.)*

De tels transports ne doivent être considérés que comme une autorisation pour toucher *(Même instruction aux trésoriers-payeurs généraux.)*, dont les Payeurs tiennent compte tant qu'il n'est mis aucune opposition entre leurs mains par des créanciers privilégiés ou l'entrepreneur lui-même.

En effet, le cessionnaire ne devient plus qu'un

mandataire et ne peut avoir plus de droits que son mandant lui-même. Le mandat, d'autre part, étant essentiellement révocable, le créancier direct, l'entrepreneur devenu mandant peut se présenter à la caisse et le Payeur ne pourrait lui refuser le paiement des acomptes qui lui sont dus *(Alger, 17 juillet 1850. — D. P. 51. 2. 142.).*

Le cessionnaire, devenu le mandataire seulement, n'a donc plus la garantie sur laquelle le droit commun lui permettait de compter. Il en résulte que le Payeur doit encore refuser la signification d'un tel acte, ou que pour dégager complètement sa responsabilité, le Payeur, lors de la signification de l'acte, doit viser comme il est dit plus haut : « Vu pour valoir seulement sur la somme qui pourra rester due après la réception des travaux. »

Ce visa équivalant à un refus d'acceptation de la signification du transport dégage par cela même le payeur de toute responsabilité du chef d'un transport qui, s'il était accepté, aurait pour résultat de priver l'entrepreneur des moyens nécessaires pour assurer l'exécution des travaux ou de laisser supposer que cette cession pourrait paralyser l'action ouverte aux ouvriers et aux fournisseurs. *(Paris, 27 août 1853. D. P. 54, 2, 104. — Caen, 24 mai 1852, — arrêt de rejet, 21 mars 1853. D. P. 56, 1, 118.)*

D'autant plus encore que lorsque les fonds dus à un entrepreneur sont absorbés par des oppositions, le transport de ses créances sur la Ville, la Commune ou le Département, fait par celui-ci, est sans effet, relativement aux fournisseurs de l'entreprise, *nonobstant la mainlevée des oppositions, prononcée par un jugement* postérieur à la saisie-arrêt de ces fournisseurs. *(D. P. 56, 1, 118.)*

De tout ce qui précède, il suit que la partie prenante qui doit être dénommée dans un mandat de paiement, ne peut être que le créancier réel, c'est-à-dire la personne qui a fait le service, effectué les travaux : car le cessionnaire n'a plus, en vertu de ce transport, aujourd'hui nul, un droit contre la caisse, et n'a plus le titre régulier dont parle la nomenclature, article 9, et ne peut exiger l'inscription d'un mandat de paiement à son nom.

Il découle encore de ces observations que le nom seul du créancier direct doit y figurer, et que toutes mentions : *en présence de...,* ou *avec le concours de...,* entre autres, ne peuvent subsister et ne font au contraire qu'engager la responsabilité du Payeur qui viole alors la loi de 1891, c'est-à-dire qui a l'air de créer, malgré elle, un privilège qui ne saurait exister.

La conclusion, d'ailleurs, est que le Payeur seul, pouvant connaître désormais de la valeur des oppositions ou des transports, doit seul les centraliser, l'ordonnateur ou celui qui propose le paiement ne pouvant, par la force des choses, et ne devant en tenir aucun compte de par la loi. *(Dumesnil. Trésor public, n° 69. — Roger, 415. — Toulouse, 17 décembre 1830. — — Requêtes, 11 février 1834 ; 4 mars 1840. — Chauveau, n° 1941. 40.)*

Étant admis que le montant des oppositions formées

par les ouvriers et fournisseurs est privilégié d'abord sur les mandats d'acomptes à payer aux entrepreneurs pendant l'exécution des travaux de la Ville, ou des départements, ou des communes, etc., devra-t-on décider, conformément à l'instruction aux trésoriers-payeurs généraux précitée, que la somme excédant les causes desdites oppositions doit être remise au titulaire du mandat sans avoir égard aux oppositions formées par des créanciers particuliers ?

Comme le désir du législateur est de ne jamais mettre l'entrepreneur hors d'état de faire face aux travaux et de ne jamais en entraver l'exécution, il semble que le Payeur devra se conformer aussi à ces instructions, ne retenir que le montant des oppositions et verser le surplus aux mains de l'entrepreneur.

Telle est, d'après la jurisprudence et par analogie aux règles posées par le Ministre des Finances en ce qui concerne la loi de pluviôse an II, la conduite qui doit désormais être tenue par le Payeur, depuis la loi du 25 juillet 1891, en ce qui concerne les oppositions ou transports sur les acomptes.

B. Lorsque les travaux ont été reçus, et que le mandat est libellé pour solde, la somme à payer appartient à l'entrepreneur, il doit être tenu compte des oppositions, des transports des créanciers particuliers aussi bien que des créanciers privilégiés.

Mais il est bien entendu qu'après la réception des travaux, les créanciers étrangers à l'entreprise ne peuvent être payés qu'autant que les créances des ouvriers et fournisseurs ont été acquittées *(D. P. 6, 51, 118).*

Il en serait de même, bien qu'aucune opposition n'ait été formée par les ouvriers et fournisseurs. *(Foucart, Droit administratif, t. I, n° 1058.)*

Et comme en nature d'acomptes, si la somme à payer excède les causes de toutes les oppositions réunies, le payeur devra en retenir le montant et verser le surplus à l'entrepreneur.

Mais, lorsque le montant des oppositions privilégiées excède la somme mandatée, le Payeur *(même instruction aux trésoriers-payeurs généraux)* refuse tout payement jusqu'à ce qu'on lui rapporte mainlevée ou un jugement attributif des sommes saisies.

Si un ouvrier ou fournisseur obtient un jugement d'attribution et que la somme soit suffisante pour satisfaire à ce jugement et aux causes des autres oppositions de même nature non payées, le Payeur, pour le même motif que plus haut, exécute le jugement et retient le montant des oppositions.

Il a été dit plus haut que la loi de 1891 avait, sans prononcer le nom de privilège, créé un véritable privilège, et que ce privilège ne pouvait être réclamé que par *les ouvriers et fournisseurs de l'entrepreneur.*

Il a été dit également que les créanciers particuliers, banquiers ou autres, n'y avaient aucun droit.

Or, dans quelle de ces deux catégories doit-on ranger les *sous-traitants?* Et par sous-traitants il faut entendre ceux que les entrepreneurs adjudicataires, se trouvant pour quelques motifs dans l'impossibilité de mener à bonne fin les travaux dont ils ont été chargés, présentent à leur lieu et place pour continuer, sans nouvelle adjudication, ces mêmes travaux dans les conditions de l'adjudication primitive.

De cette définition, il résulte que ce sont là des créanciers particuliers de l'entrepreneur, et que, comme ces derniers, ils n'ont aucun privilège et ne peuvent saisir-arrêter les sommes dues par la Ville, (Commune ou Département), à l'entrepreneur, et *a fortiori* les toucher au lieu et place desdits entrepreneurs.

En effet, les entrepreneurs obligés de se faire suppléer ainsi dans leurs adjudications sont généralement à bout de ressources ; leur crédit est épuisé. Ils ont négocié des emprunts, se sont fait ouvrir des crédits, et pour en garantir le remboursement, ils ont transporté et cédé en garantie les sommes à eux dues par la ville, la commune ou le département. Nous avons vu ce que valaient ces transports ou cessions, et quel accueil ils devaient trouver, suivant l'espèce, près du Payeur.

Dans cette situation, les entrepreneurs n'ont plus qu'à disparaître, ne pouvant plus continuer leurs travaux. Il leur faut trouver quelqu'un qui les achève en leur lieu et place, ou créer une association nouvelle.

Ce n'est là qu'une cession encore, cession des travaux et par suite des sommes à en provenir.

C'est donc bien là encore un créancier particulier que ce sous-traitant. En conséquence, la loi de 1891 ne permet pas de les reconnaître ; si l'Administration les reconnaissait, elle semblerait vouloir créer en leur faveur un privilège, — privilège qui annulerait celui que la loi a institué. Car elle ferait passer sur une

autre tête des sommes qui sont *le gage d'une entreprise.*
(Art. 4. Cahier des clauses et conditions générales.) —
(Instruction aux trésoriers-payeurs généraux.) L'Administration n'ayant contracté qu'avec l'adjudicataire n'a
pas, pour ces motifs, à se préoccuper des associations
qu'il aurait formées avec des tiers. En effet, l'individu
ou la Société qui a sous-traité avec un adjudicataire
n'a pas de droit personnel sur les sommes dues à l'adjudicataire.

Il résulte de tout ceci que les créanciers de l'adjudicataire primitif seraient en droit de faire saisir les
sommes sur ce cessionnaire, s'il était reconnu, sauf au
sous-traitant à exercer à son tour ses droits, comme
créancier de l'adjudicataire, mais tous dans les limites
de la loi de 1891. *(Limoges, 26 janvier 1848. D. P.*
49, 2, 72. — Cotelle, 1, 3, n° 353.)

Les sous-traitants n'ont donc pas qualité pour toucher les mandats délivrés au nom de l'entrepreneur :
ils ne doivent pas non plus obtenir de l'Administration
a fortiori la délivrance de mandats immatriculés à
leur nom.

Cette substitution, qui ne pourrait être prise qu'avec
le consentement de tous les créanciers de l'entrepreneur
adjudicataire, et par suite difficile, dangereuse, engage-
rait la responsabilité de l'Administration. L'Administration, en effet, se mettrait de connivence avec l'adjudicataire pour frustrer même les créanciers ordinaires,
mais avant tout pour annuler le privilège créé par la
loi de 1891, et subsistant, pendant toute la durée des
travaux.

En résumé, en vertu de la loi du 25 juillet 1891, le payeur,

A. SUR LES ACOMPTES :

1° **Recevra** les oppositions des ouvriers et des fournisseurs.

2° **Refusera** :

a. Toutes autres oppositions et les significations de transports en garantie,

b. Les significations de transports fermés, ou ne les visera, s'il les accepte, que dans les termes suivants :
« Vu pour valoir seulement sur la somme qui pourra
» rester due après la réception des travaux ».

3° **Ne connaîtra pas** les sous-traitants que l'Administration elle-même ne connaîtra pas.

B. SUR LES SOMMES FORMANT LA RETENUE DE GARANTIE ET RESTANT DUES APRÈS LA RÉCEPTION DES TRAVAUX :

Recevra *toutes oppositions, tous transports.*

Et les oppositions ou transports reçus suivant les règles ci-dessus, le Payeur devra :

a. S'il s'agit d'acomptes, retenir le montant des oppositions des ouvriers et fournisseurs ;

b. S'il s'agit des sommes restant dues après la réception des travaux ; retenir somme suffisante pour faire face aux oppositions des ouvriers et fournisseurs, non éteinte par les acomptes ; retenir ensuite le montant des autres oppositions ou transports, et verser dans tous les cas le surplus aux mains de l'entrepreneur adjudicataire.

Telles sont, basés sur l'interprétation du décret du 26 pluviôse an II, qui a inspiré la nouvelle loi du 25 juillet 1891, les nouvelles règles imposées aux Receveurs municipaux ou départementaux comme Payeurs en matière de travaux publics.

Novembre 1893.

TABLE

IMPRIMERIE CHAIX, RUE BERGÈRE 20, PARIS. — 25464-12-93 (Encre Lorilleux).

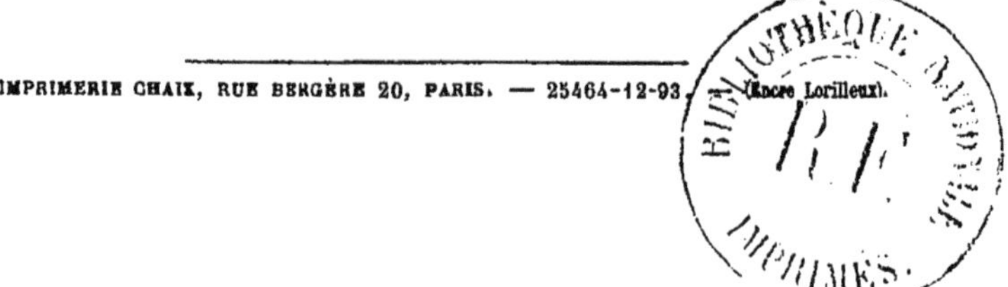

9 782019 254452